LA CONVENZIONE

Sommario

Prefazione

Buon giorno e benvenuto caro lettore.

Distribuire un minimo di reddito a qualsiasi persona nel mondo sotto una certa soglia di reddito.

Questo sogno di umanità concreta ed applicata èl la **"convenzione",** un progetto che si pone come obbiettivo di portare ed inserire, anche l'ultimo degli sfortunati del pianeta Terra, in un contesto civile e di evoluzione economica e in generale di portare conforto o sicurezza economica a tutti.

La fusione tra capitalismo e socialismo a vantaggio di tutti.

Un benvenuto ad ogni nuovo nato sul pianeta Terra.

Di cosa si tratta, e di come si potrà applicarla ed usufruirne, cercherò di spiegarlo nelle prossime pagine.

L'obbiettivo finale è garantire la dignità umana di ogni persona nel mondo, basata sul rispetto tra individui e nazioni attraverso la distribuzione di un certificato economico-patrimoniale, definita quota, che attesti il valore ad ogni donna o uomo, di una parte, piccola, del Pianeta Terra.

Un vero e proprio titolo di possesso patrimoniale, inalienabile, garantito dalle istituzioni che lo hanno emesso e alle quali si dovrà restituire con la morte, ma soprattutto vuol ufficializzare il benvenuto ai nuovi nati, da parte di tutte le persone del mondo, sottolineando che non saranno soli, ma saranno parte integrante della società mondiale, magari non i primi, ma non ultimi, perchè non vi sarà mai un ultim

Queste quote avranno un valore e matureranno un piccolo reddito, incrementabile con l'aumento del Pil.
Una capacità patrimoniale dell'individuo, tale da garantire eventuali aiuti senza creare debiti non rimborsabili.
In concreto è il passaggio successivo ai voleri di Gesù o ai desideri di Gandhi o al sogno di Martin Luther king, ai valori positivi di tutte le religioni, elevando le persone nel concreto quotidiano della vita, nel mondo multipolare che si sta creando, oggi, nel mondo e dove ogni popolo è incentivato a crearsi una sua peculiarità anche creando nuove nazioni.

Creare una struttura solidale indistruttibile dal basso che possa costringere i governi ad operare per il bene della gente.

Le pagine fondamentali, per chi non avesse tempo, sono la 19, 35 e dalla 51 alla 56. poi puoi leggere anche le altre per approfondire la tua opinione.

Caro lettore ti auguro una buona lettura ed è gradita una tua opinione o collaborazione.

Capitolo uno

Sistemi di governo nel mondo e nella storia.

Ecco un elenco, abbastanza lungo ed esauriente, dei tipi di governi che si sono visti a condurre nazioni.

Praticamente nessuno, concretamente, è riuscito a mettere la persona al centro del suo progetto, come soggetto sacro e inviolabile.

Perfino le democrazie che all'inizio sembravano il governo migliore, si sono trasformate nel tempo in sistemi di dittatura indiretta o camuffata, come sta succedendo oggi in occidente.

Nazioni governate da sistemi privati, senza controllo tanto sono potenti economicamente, che possono eludere lo stato il suo parlamento con i suo elettori.

Non ci fermeremo ad analizzare ogni forma di governo qui rappresentata.

Ci limiteremo a considerare brevemente i quattro sistemi socio economici più importanti e cioè: il comunismo, il capitalismo, il religioso e le democrazie .

Una **lista delle forme di governo**:

•**Autocrazia (il potere nelle mani di un singolo organo)**
•Dittatura
•Dittatura militare
•Stratocrazia

•Pepimocrazie
•Dispotismo
•Cleptocrazia
•Critarchia
Monarchia
•Assolutismo monarchico
•Monarchia costituzionale
•Ducato
•Granducato
•Diarchia
•Dispotismo illuminato
•Monarchia elettiva
•Monarchia ereditaria
•Monarchia senza sovranità
•Monarchia popolare
•Principato
•Nuovi monarchi
•Monarchia auto-proclamata
•Reggenza
•Plutocrazia
•Timocrazia
•Stato di polizia
•Oligarchia
•Saeculum obscurum
•Teocrazia
•Stato islamico
•Monarchia islamica
•Repubblica islamica

•Tirannia
•Tecnocrazia
•**Anarchia (Assenza di governo organizzato)**
•Oclocrazia
•Tribalismo
•**Anarchismo (Governo di consenso, senza coercizione)**
•Anarco-comunismo
•Anarcocapitalismo
•Socialismo libertario
•Municipalismo libertario
•Anarchismo verde
•Isocrazia
•**Socialismo**
•Stato socialista
•Dittatura del proletariato
•Stato comunista
•Leadership collettiva
•Socialismo di stato
•Repubblica sovietica
•**Democrazia (Il volere del popolo)**
•Consociativismo
•Democrazia deliberativa
•Socialismo democratico
•Democrazia totalitaria
•Democrazia diretta
•Egualitarismo
•Futarchia
•Open source governance

•Democrazia partecipativa
•Democrazia rappresentativa
•Monarchia parlamentare
•Repubblica parlamentare
•Consensus government
•Sistema Westminster
•Poliarchia
•Repubblica presidenziale
•Repubblica semipresidenziale
•**Repubblica**
•Repubblica costituzionale
•Repubblica parlamentare
•Repubblica federale
•Repubblica democratica

Impressionante quanti sono questi tipi di sistemi di governo di nazioni o popoli.

Abbiamo pubblicato questo noioso elenco per farvi capire i tentativi di conquistare il potere, a scapito dei popoli, che hanno i potenti di turno anche se "lo facevano per voi".

Sono una settantina, ma nessuno di questi sistemi è riuscito minimamente a mettere al centro l'uomo, inteso come la totale globalità degli essere viventi, o gli ha risolto i problemi fondamentali della sua esistenza sul pianeta Terra. .

Aggiungerei anche i sistemi di monete uniche, che tentano di raggruppare paesie nazioni con caratteristiche completamente diverse per vita, possibilità di muoversi e possibilità di materie prime.

Ricordate sempre che lo Stato siamo tutti noi, e nessuno di noi vorrebbe fare leggi per essere schiavizzato o derubato.
Non si dovrebbe aver paura dello Stato perhè siamo Noi.

Occorre quindi reimpostare il sistema, non da zero, ma prendendo ciò che è buono nei vari tipi di governo, cercando di armonizzare le esigenze del privato, salvaguardando la sua libertà di azione con le esigenze e le libertà degli altri.

Eliminare il più possibile sovrastrutture oppressive di qualsiasi genere.

Questo libro vuole essere una base di discussione per un futuro serio e consapevole.
Serio perchè la drammaticità della vita, in cui versano miliardi di persone, non permette nessun sorriso finchè persiste il problema e la consapevolezza che solo attraverso la conoscenza dei propri e altrui problemi, si possa agire nel modo più efficace e veloce.
Dopo i decaloghi di Gesù, i desideri di Gandhi e il sogno di Martin Luther King, i dettami della Rivoluzione Francese, Legalità, Fraternità e Libertà, la ricerca delle Religioni Musulmane, Indu, Ebraiche, la "Convenzione" vuole essere la concreta applicazione dei loro voleri, o almeno un inizio.
Legare ogni essere umano alla crescita culturale e morale della società, trasversalmente alle nazioni, libere di crescere ed organizzarsi autonomamente, costruendo una sinergia, una interconnessione tra le persone e conservando la totale libertà di pensiero e azione dell'individuo.

Capitolo due

situazione umana oggi.

Pensiamo un attimo.

Si nasce.

Ho un giorno di vita, e subito ti accollano un debito che può variare da 20.000 a 100.000 euro/dollari per il debito pubblico che grava su ogni abitante.

Essendo nato da un minuto non ho avuto il tempo di aprire un conto corrente bancario, per fortuna.

Lo hanno già aperto mio padre e mia madre.

Stanno economicamente bene avendo un lavoro ognuno di loro, ma hanno sul groppone un debito pubblico di 50.000 euro circa per contribuente ed ora che sono nato io il loro debito non si è scaricato in parte su di me, ma su di loro con le spese che la mia nascita comporta, e il debito pubblico non diminuisce con la mia nascita, perchè nel frattempo moriva un altro essere umano, che mi ha lasciato il suo debito.

Nessuno pensa al debito pubblico.

Si pagano però forti interessi, circa 2000 euro per contribuente, che fanno aumentare le tasse sul reddito e i tassi sul mutuo e che rallenta l'economia di un paese ed ingrassai redditi parassitari.
Quasi tutti hanno,il mutuo, magari di 30 anni, che li rendono succubi e quindi schiavi del denaro per tutta la vita

Quindi, sono nato schiavo, ma dicono, magari, che vivo in un paese libero e democratico. Potrò votare, un giorno, e scegliere di essere schiavo di quello e di quell'altro.

Debito pubblico mondiale 310.000 miliardi di euro, 2000 euro per ogni contribuente solo in italia

Se nasco in un paese povero, magari non ho un debito enorme da pagare, ma forse non vivrò abbastanza per sapere quanto è il debito.

Ecco una carrellata dei debiti pro capite nei paesi del mondo, dati raccolti su internet di pubblico dominio.

Parliamo per ora di debito estero che grava meno sui cittadini di una nazione.

Notare che un paese con un debito estero relativamente elevato, potrebbe essere ugualmente un "creditore internazionale" se il suo debito estero è inferiore alla somma dei crediti vantati verso debitori esteri.

Vediamo quindi gli Usa con un debito estero pro caspite di 57.000 dollari, il 98% del Pil, e con un debito pubblico totale di 31.000 miliardi di dollari equivalente circa a 83.000 dollari per persona neonati compresi. Quindi nascere nel "sogno americano" può rivelarsi un vero incubo.
Regno Unito debito estero di 120.000 dollari a persona, 283% rispetto al Pil, una catastrofe, poi chiedetevi perchè vogliono far scoppiare una guerra mondiale, nel caos i debiti potrebbero sparire.Nel frattempo alcune città inglesi falliscono, come Birmingham.

I Paesi bassi, che a noi italiani ci insegnano la morale e l'economia ad ogni secondo, 234.000 dollari, 583% Pil, contro i 40.000 dollari dell'Italia, 126% Pil.

Ogni svizzero ha 200.000 dollari di debito estero contro i 1.100 di un cinese, 13% del Pil, o un 3.700 dollari di un Russo, 40% del Pil, o i 370 dollari di un indiano di Rhabat, il nuovo nome dell'India, 20% del Pil.

Quindi prima di dire di essere ricchi più di un russo o un cinese o un indiano bisognerebbe pagare i nostri debiti.

Ogni nazione ha un suo valore intrinseco, costituito dalla materie prime che possiede e che possono essere stimate.

Ogni paese ha riserve ,o in oro, argento o preziose.

Riserve monetarie, crediti o obbligazioni di altri paesi.

Ci sono paesi che hanno un valore turistico immenso con opere d'arte in ogni piazza, palazzi storici bellissimi, paesi come l'Italia.

Tutto questo dovrebbe essere tenuto conto nei bilanci statali dei paesi nel mondo.

Questo valore appartiene di diritto a chi nasce e vive nelle nazioni del mondo

La CONVENZIONE

Certificare il benvenuto a tutti i nati del Pianeta terra con un dono di una piccola parte del mondo, e cioè

Certificare ad ogni abitante, con la distribuzione di quote, il possesso di una parte del Pianeta Terra.

Certificare il diritto di riceve un reddito annuo, regolato dalle regole della Convenzione in seguito esposte.

Certificare ad ogni nato il diritto acquisito di avere un reddito.

Certificare il valore annuo delle quote in possesso ed il suo reddito.

Certificare ad ogni decesso il ritiro delle quote ed il relativo reddito.

Certificare la non belligeranza tra le nazioni che applicano la Convenzione.

Certificare la libertà dell'individuo con la solidarietà umana

Capitolo tre

DETERMINIAMO IL VALORE DI UNA NAZIONE

per determinare il valore delle quote da distribuire bisogna determinare il valore di una nazione.

Il valore della quota nazionale QN è cosi determinata:

50% del Pil della nazione-(debito pubblico +/- debito privato) / numero abitanti

Ogni paese ha anche i debiti verso l'estero.

La differenza tra crediti e debiti esteri determina il debito o il credito da calcolare per determinare il valore della quota nazionali da distribuire ad ogni nato sul territorio.

Tutti i paesi del mondo hanno il debito pubblico, ma pochissimi sono creditori netti, per esempio, l'Italia a volte diventa creditore netto per meriti di lavoro, per merito degli italiani, non avendo o pochissime materie prime.

Gli Usa sono creditori netti per merito del petroldollaro, altrimenti rischierebbero il fallimento totale.

Facciamo una piccola carrellata sui debiti dei vari paesi.

La iper attiva Hong Kong ha un debito di 203.000 dollari pro capite, il 414% contro il 13% della Cina, poi uno si chiede se sia meglio il capitalismo o il comunismo, a voi l'ardua sentenza. Singapore idem. 231.000 dollari di debito estero per abitante, 453% sul Pil

Rhabat (India) solo 20% con 340 dollari per abitante.

La Russia il 40% di debito estero, Brasile 30%, le nazioni dei BRICS non se la passano male.

Per contro la Germania ha il 140% di debito,ed è la locomotiva d'Europa.

Controlliamo il debito estero per sapere se un paese sia veramente libero economicamente.

L' Argentina ha un debito estero del 33%, ma un debito pubblico grosso e una inflazione spaventosa, buone materie prime.

E' un paese da studiare per capire quanto l'ingerenze esterne quanto possano incidere sulle politiche interne dei paesi

L'Argentina non è stata aiutata dalle nazioni occidentali e per questo vuole entrare nei BRICS.

Molti paesi di media grandezza non sorpassano il 50% di debito. La Nigeria ha un debito estero di solo il 3% forse merito del suo petrolio. Anche l'Iran ha il 2%.

La Repubblica democratica del Congo ha il 13 % e viene considerata tra i più poveri del mondo ma ha notevoli risorse economiche e come vedremo non è poi cosi povero, se si dovesse applicare la "convenzione" con la quota patrimoniale che non considereremo in questo libro..

Concludiamo con il Niger che ha il 36% di debito estero, nazione sotto i riflettori per la sua ricerca di libertà ed autonomia, popolazione tenuta povera, ma inconsapevolmente ricca.

In definitiva sono i paesi "cosi detti avanzati", generalmente occidentali, quelli più indebitati nel mondo ma in genere sono anche quelli che hanno meno materie prime e quindi sono realmente i più poveri.

E' giusto che popolazioni con in casa tonnellate di oro o enormi depositi di barili di petrolio muoiano di fame?

Come è possibile?

Riprendiamo come esempio il Niger che ha un debito pubblico del 45% del Pil e ,come abbiamo visto, un debito estero del 3%, nettamente meglio dell'italia e di quasi tuttii paesi occidentali.

Come può aver un reddito pro capite di 420 dollari?

Ogni abitante dovrebbe avere un patrimonio di almeno 200.000 euro e quindi un reddito, per interessi o per dividendi di 2.000 euro anno.

Prendiamo la repubblica Democratica del Congo un paese strapieno di materie prime e i suoi 100 milioni di abitanti dovrebbero avere mezzo milione di euro di patrimonio a testa, e dovrebbe avere un reddito conseguente di almeno 5.000 euro a testa.

Per ora prenderemo come **valore di una nazione il suo Pil**, considerandolo come il suo fatturato, e seguendo il criterio che il fatturato di una azienda è il suo valore, determineremo la **quota nazionale QN**

Lo stesso criterio per la **quota mondiale QM**.Quindi per ora consideriamo le due quote principali e cioè la quota Nazionale, QN e la quota Mondiale QM. Poi, quando i bilanci delle nazioni verranno sempre più perfezionati e certificati, si calcolerà anche la quota patrimoniale, cioè quella basata sul valore patrimoniale di una nazione, materie prime, riserve valutarie, valore paesaggistico, artistico ed ogni cosa rientri nel bilancio patrimoniale, che si dovrà redigere per ogni nazione ogni anno.

Il debiti totali nel mondo e cioè il debito pubblico più quelli privati, famiglie e aziende, è di 307.000 miliardi con una quota interessi da pagare di non meno di 15.000 miliardi che in teoria si potrebbero risparmiare e devolvere nel mondo con 2000 euro per persona compresi i neonati.

DEBITI ESTERI RISPETTO AL PIL

1.Giappone: 258,2%

2.Grecia: 166%
3.Sudan: 151,1%
4.Eritrea: 146,3%
5.Italia: 140,3%
6.Laos: 123%
7.USA: 122,2%
8.Portogallo: 112,4%
9.Suriname: 112,2%
10.Francia: 111,4%

DIVENTA SOSTENITORE DELLA "*CONVENZIONE*"

Parla con i tuoi parenti, i tuoi amici, i conoscenti e con le persone che incontri.

Dona loro il libretto che stai leggendo, porterà fortuna a tutti.

Applica la "convenzione" nel tuo condominio, quartiere, meglio se nel tuo paese o città.

Tieniti informato sul sito TVTAM.IT

Mandaci le tue impressioni e le tue idee a barza99@libero.it con Oggetto email..."la Convenzione"

Sarai informato di tutti gli eventi e novità

RIMANI AGGGIORNATO ANCHE SU

Tvtam.it

DIVENTA SOSTENITORE

Capitolo quattro

IL PROGRESSO UMANO

piccolo escursus sui sistemi socio politici del passato o attuali e sul loro:

FALLIMENTO DEI VARI SISTEMI SOCIO-ECONOMICI ATTUALI

Consideriamo il fallimento di un sistema socio-economico quando, in una determinata nazione, vi è la presenza di una percentuale, anche minima, di poveri assoluti, cioè di persone che hanno bisogno di aiuti giornalieri o che muoiono per fame, malattie, dovute alla solitudine sociale, culturale.

Fallimento del comunismo

Ormai storicamente, a detta di tutti nel mondo, il comunismo è fallito, ha solo portato ad una dittatura, un po' diversa dalle altre, ma che sfociava nella repressione più crudele e totale. Anche qui si è partiti dal volere del popolo e dalle sue richieste di una vita dignitosa alla soppressione di qualsiasi libertà.

E' chiaro che non è facile per un governo, qualsiasi accontentare tutti I sostenitori ed opposizione.

Con i sistemi attuali non si può.

BISOGNA ACCONTENTARE TUTTI MA NON VERSO IL BASSO, CON UNA VITA DI STENTI, MA VERSO L'ALTO, CON UNA VITA FELICE.

Fallimento del capitalismo

Il fallimento del capitalismo è evidente.

Se si voleva il progresso umano con il capitalismo ci si è illusi inutilmente.

Il capitalismo è una forma meravigliosa per concentrare le ricchezze in poche mani.

Si riassume il tutto nel "sogno americano" dove solo poche persone ce la fanno, magari con risultati eclatanti, città sviluppate a misura dell'egoista di turno, a scapito di moltissime altre vite sfruttate, che rimarranno nell'ombra per sempre o moriranno in qualche guerra utile ai pochi che ce l'hanno fatta.

Si dice che il capitalismo permette a tutti, in teoria, di potercela fare partendo da zero, forse questo era vero qualche decennio fa, ora con le multinazionali e i gruppi politici ed economici sempre più potenti, la gente, il popolo, si ritrova nelle stesse condizioni della plebe sotto Luigi XXVI.

Falliscono grandi Stati o grandi città, milioni di poveri o veri e propri zombi girano nelle periferie delle grandi città, perfino Bevery Hill la città dei super ricchi, di attori e attrici famosissimi e ricchissimi ed il loro codazzo di vassalli, ricordano le città del medioevo, circondate da migliaia di poveri e drogati, soli e senza futuro.

AVIDITA'   ED   'EGOISMO   DISTRUGGONO QUALSIASI RAPPORTO UMANO E QUALSIASI FUTURO CREANDO GUERRE

Fallimento dei governi religiosi

Molti sono le nazioni con governi religiosi, che seguono cioè i dettami di religioni le cui basi si fondano in tempi lontanissimi, e loro caratteristica è mantenere le tradizioni a qualsiasi costo, contro ogni logica di cambiamento. Leggi e costumi di1000 -2000 anni fa non permettono la normale evoluzione della società umana sottoposta e rivoluzioni tecnologiche e quindi a rivoluzioni mentali estreme.

L'IMMOBILISMO E' UNA CARATTERISTICA DELLA POVERTA'

Fallimento della Democrazia rappresentativa

Ma anche la nostra tanto decantata democrazia è in piena crisi, la libertà su cui si fonda ha creato dei mostri finanziari economici che schiacciano qualsiasi attività dei singoli privati, aiutati dal potere politico che inevitabilmente diventa corrotto dalla potenza economica di questi soggetti. Politica che per difendersi soffoca qualsiasi tentativo di ribellione popolare crea una burocrazia dominante e impone tasse assurde, sprecando o deviando nelle tasche dei soliti pochi, volutamente, il ricavato, per continuare ad esercitare il potere sulle masse.

PRENDERE IN GIRO LE PERSONE PORTA SOLO A TRAGEDIE

Capitolo cinque

PROPOSTA
la "Convenzione"
Tutto Altro Mondo TAM

Veniamo alla nostra proposta.

Obiettivo: porre al centro del progresso, l'uomo o meglio l'umanità tutta, ora di 8 miliardi di persone.

Progresso umano: dare a tutti la possibilità di difendere la propria dignità di persona.

Attraverso il Progresso sanitario: i fondamentali obbiettivi di eliminazione della morte infantile, della fame

Quindi garantire dalla nascita una minima sicurezza di sopravvivenza, sanitaria ed economica, per tutti i nuovi nati nel mondo.
Tutti i problemi concreti si basano sulla diffusione di un reddito garantito per tutti i nati nel mondo, un reddito non parassitario ma un reddito strutturale che si autoalimenta con la vita delle persone.
Cerchiamo di spiegarci con una sequenza di quello che dovrebbero decidere le varie nazioni del mondo, noi parleremo dell'Italia in special modo, paese in cui vivo, ma può essere esportato in tutte le nazioni del mondo.
Ecco cosa si dovrebbero fare.

Determinare il Valore di una nazione

per determinare il valore delle quote da distribuire.

Valore del fatturato di una nazione (Pil)

Come una azienda il valore di una nazione si può determinare, all'inizio del procedimento della "convenzione", con il suo Pil, cioè diciamo che è il suo fatturato, per l'Italia poniamo 2000 miliardi che sarebbe l'equivalente del fatturato se venisse calcolato da una azienda.

Si devono distribuire, quindi delle quote, inversamente proporzionali al reddito percepito, diviso in fasce da 5000 euro, per esempio, fino a quote del valore di un euro per i redditi superiori ad un certo livello di benessere.

Valore patrimoniale di una nazione
In seconda istanza verrà determinato il patrimonio, il valore patrimoniale di una nazione, costruito dalle riserve auree e monetarie, dai beni immobiliari e artistici, la sua storia, nonché dal valore paesaggistico eno-gastronomico. Pensiamo per l'italia un valore in difetto di 10.000 miliardi di euro.
Determinazione quote nominali Ad ogni persona, in ogni caso alla sua nascita, viene dato in dote una quota uguale al valore totale di una nazione diviso gli abitanti totali.
Seguiranno poi le quote patrimoniali da un valore di 10.000 diviso il numero di abitanti divisi a loro volta in fasce di reddito

Se quindi ogni persona riceverebbe quote medie pari a 200.000 euro,.avrebbe diritto ad un centesimo del valore delle quote possedute ogni anno e cioè, in questo caso, 2000 euro.

Ogni abitante deve avere un conto bancario dove depositare le quote.

Vediamo alcuni esempi.

Per la **Repubblica Democratica Del Congo**, esso è 14.000 milioni di euro su una popolazione di 5 milioni.

Quindi ogni persona riceverebbe una quota pari a 2800 euro, sempre prima del calcolo progressivo conseguente al proprio reddito.

Il Burundi è il paese più povero del mondo con un Pil di 3 miliardi e una popolazione di 13 milioni.

Ogni abitante riceverebbe una quota dal valore di 230 euro.

Invece negli Usa che hanno il Pil più alto nel mondo 24.000/25.000 miliardi di dollari, ogni abitante riceverebbe una quota pari a 71.000 dollari più la quota patrimoniale.

Un Russo prenderebbe la metà di un italiano ma una quota patrimoniale almeno dieci volte tanto.

Le quote verrebbero aumentate con le quote del valore patrimoniale.

Si redige un bilancio patrimoniale il più aderente possibile e **certificato** da enti terzi, si spera autonomi al massimo.

Si calcolano il valore medio del terreno demaniale gli edifici pubblici, le opere d'arte, i monumenti storici, le spiagge ecc,

Il valore patrimoniale di una nazione viene distribuito al 50% in quote per gli abitanti della nazione stessa, ma un 50% viene depositato su un fondo che potrebbe essere gestito delle Nazioni Unite che, aggiunto agli altri versamenti di tutte le altre nazioni, verrebbe poi distribuito agli 8 miliardi di persone nel mondo, sempre in modo progressivo a fasce di reddito.

Il pil del mondo corrisponde quasi 100.000 miliardi di euro/dollaro e la quota media da distribuire per ogni abitante equivarrebbe a 12.000 euro/dollaro, ma in pratica per i meno ambienti sarebbe almeno il doppio.

Una bella somma per una persona che fino a ieri abitava sotto le stelle in un mare di sabbia o di ghiaccio, o che vegava zombi in una periferia degli Usa o di una città "progredita" occidentale.

Ad ufficiali pubblici il compito di distribuire le quote, utilizzando le banche.

In linea di massima ogni abitante avrebbe un conto bancario con depositate le quote nazionali ed internazionali.

In concreto, ogni persona può ricevere un centesimo della quota posseduta in contanti e con la valuta del suo paese, ogni anno

Ogni paese deve avere una sua moneta e una banca centrale. La moneta propria serve per eliminare i dislivelli tra le differenze delle varie economie, mantenendole in equilibrio.

Sarà proibito speculare sulle monete, e sarà considerato reato farlo, reato equiparato a tentato omicidio.

Queste quote non possono essere vendute o sommate ad altre tranne quelle possedute dai figli minorenni che vengono gestite con quelle dei genitori.

Quindi una famiglia avrebbe una sommatoria di quote pari al numero effettivo dei suoi componenti, rafforzandone l'istituzione.

Quindi determiniamo le quote

QUOTA NAZIONALE = QN

50% del Pil della nazione-(debito pubblico +/- debito privato) / numero abitanti

QUOTA MONDIALE = QM

100% del Pil del Mondo / numero abitanti

QUOTA PATRIMONIALE NAZIONALE = QPN

50% del VALORE PATRIMONIALE della nazione /abitanti
50% perchè il rimanente 50% viene devoluto alle alle altre nazioni.
Il reddito annuo è un centesimo del valore delle quote

Capitolo sei

UTILIZZO DELLE QUOTE

Le quote possono essere utilizzate anche come garanzia per eventuali acquisti di immobili o beni primari.

Ricordando che ogni persona o famiglia può richiedere i contanti, in un anno solare, equivalenti ad un centesimo del valore delle quote possedute.

Alla morte della persona la quota o la rimanenza della quota, in suo possesso, vengono restituite allo stato che le passerà ai nuovi nati.

La differenza utilizzate delle quote verrà sostituito dallo Stato dopo il conteggio del valore delle quote di fine anno a cui seguirà il conguaglio totale delle quote per poterle destinare ai nuovi nati.

Ecco alcune simulazioni .....

Si può dire che il valore delle quote rimane invariato o potrebbe anche aumentare.

Naturalmente si tratta di una rivoluzione mondiale, che sconvolgerebbe gli assetti di forza delle potenze nazionali e nel mondo. Dove i ricchi e le grandi multinazionali dovrebbero riversare metà degli utili ai rispettivi stati, loro soci al 50%. E' chiaro quindi che non sarà facile portare al centro del progresso umano le persone, tutte, togliendo e distribuendo automaticamente le ricchezze di pochi, ma ingentissime ricchezze, alle persone viventi nel mondo partendo dagli ultimi.

Ma lo sviluppo tecnologico bancario e finanziario ne gioverebbe, anche se completamente diverso dall'attuale.

Probabile una drastica diminuzione delle finanziarie private a favore delle banche che vedrebbero aumentare il denaro da gestire proveniente dai propri stati, con la richiesta di prestiti garantiti dalle quote o dalla gestione dei versamenti annuali, massimo 100.

Ogni persona sulla Terra avrebbe un suo conto bancario, economico e patrimoniale, sempre controllato dalla stato o dall'ente preposto.

Drastica riduzione degli atti fiscali, non dovendo calcolare o pagare fisicamente e tasse, sia il privato che l'azienda ma solo redigere un bilancio per determinare l'utile e il 50% spettante al socio obbligatorio. I privati non pagherebbero le tasse perchè anche il loro stipendio verrebbe diviso in due, tra loro e il socio Stato.

Il privato dipendente o autonomo, comunque, ogni hanno riceverebbe una parte della raccolta di quel 50% e cioè il totale del 50% meno le spese occorrenti per la gestione statale, che deve essere sempre in pareggio, diviso il numero degli abitanti, calcolando in modo proporzionale a seconda delle fasce di reddito.

Queste fasce dovrebbero essere le più vicine possibili per evitare scaloni troppo ingiusti. La vita di aziende e privati sarebbe molto più concentrata sul core business e cioè sulle sue attività principali, della vita lavorativa privata ed aziendale.Le pensioni sarebbe versate direttamente dallo stato ed equivarrebbero all'ultimo stipendio percepito.

CENTRALITA' DELLE BANCHE

Un ruolo molto importante lo avranno le banche a cui spetterà la gestione dei milioni di conti correnti su cui verrà depositato il titolo di proprietà esclusiva, cioè delle quote spettanti ad ogni persona, sia nazionale che mondiale.
Le banche, in sinergia con le assicurazioni e le immobiliari, dovranno creare quella struttura che permetteranno ad ognuno di avere una casa ed una assistenza sanitaria garantita, pubblica o privata.

Le banche o gli enti preposti alla gestione delle quote, hanno il compito di segnalare,qualora il nuovo o vecchio correntista risulti privo di lavoro, la precarietà economica della persona alle agenzie pubbliche o private di lavoro.

Per questo si dovrebbe creare delle società di "riserva della mano d'opera".

Vedremo più avanti di spiegare la funzione di queste agenzie nella sezione CONTRASTO ALLA DISOCCUPAZIONE.

Le banche saranno loro a distribuire le somme sui conto correnti in autonomia, una volta ricevuti i diritti certificati dalle istituzioni.

CENTRALITA' DI ISTITUZIONI O STATI a LIVELLO INTERNAZIONALE

.

Proprio per le loro caratteristiche internazionali e di autorevolezza possono diffondere e garantire la giusta attuazione della "convenzione" che ha come caratteristica fondamentale il contrasto della povertà, della fame e soprattutto della pace.

La pace che è la base, tra le nazioni ed i popoli, per il diffondersi di una vita sana e costruttiva in difesa del Pianeta Terra nel suo insieme.

E' una certificazione presente nella Convenzione l'obbligatorietà di non guerreggiare contro le nazioni partecipanti alla Convenzione.

Sarebbe puramente illogico far guerra ad un amico che ti sostiene e che tu hai deciso di sostenere.

I GOVERNI

nell'esecuzione della "convenzione"

La gestione, da parte dei governi in carica, nei vari paesi del mondo della"convenzione" permetterà un controllo, diminuzione o sparizione del debito pubblico.

Infatti le quote medie vengono determinate dalla somma della metà della quota interna (esempio Italia), cioè QN più la metà della quota Mondiale, QM, accantonata da ogni nazione partecipante alla convenzione, meno la quota calcolata dal debito totale diviso gli abitanti e poi dividerlo ancora per dieci.

La quota cosi determinata, viene calcolata e messa da parte, per utilizzarla a fine anno, in modo da contenere o diminuire il debito estero e quindi il debito totale, allo scopo di arrivare un giorno al suo azzeramento.

Si potrebbe, quindi, risparmiare molti soldi ogni anno di interessi, aumentando di conseguenza il Pil e quindi il valore della quotae ed il reddito a disposizione dei cittadini ogni anno.

Capitolo settimo
Il Benvenuto ai nuovi nati.

le persone nascono e, come benvenuto sul Pianeta Terra, ricevono subito la quota di appartenneza del Mondo e della propria nazione.

Potrà essere una piccola somma per i paesi evoluti ma per quelli poveri sarà sempre una possibilità in più di vivere in pace e di sperare in una vita lunga.

E' in ogni caso una grande dimostrazione di BENVENUTO SUL PIANETA TERRA per ogni essere umano, una stretta di mano da parte di ogni cittadino del pianeta.

Non tanto per la cifra in sé, almeno all' inizio della sua applicazione, ma per il significato altamente morale del gesto di riconoscimento.

Sarebbe molto bello che al momento del battesimo cattolico ci fosse, per esempio, anche il riconoscimento civile e che un ebreo potesse conferire ad un palestinese, e viceversa, la quota mondiale che gli spetta.

Oppure che un Russo potesse conferire ad un Ucraino, e viceversa, la sua quota.

Penso sia un enorme deterrente contro le guerre.

Penso anche che il Vaticano possa far sua la gestione della "convenzione" oppure l'assemblea Mondiale delle Nazioni.

Tecnicamente i nati, ricevono subito i dati caratteristici per poter avere i documenti dalla propria nazione, il conto bancario, il reddito che gli spetta ogni anno per il solo effetto di possedere le due quote o certificato di proprietà sia locale o mondiale.
Vengono applicate forme basiche di socialità fin dai primi giorni.

Il neonato riceve anche la possibilità di votare, ma fino alla maggior età il voto nelle varie elezioni democratiche viene esercitato dal genitore del suo stesso genere, dal padre per i maschi e dalla madre per le femmine.

Quindi un genitore di due figli, quando vota, al suo voto viene dato il valore di tre, in questo caso, o di 4 se avesse tre figli maschi ecc

Queste comunque sono disposizione che aspettano ai vari governi e parlamenti, che accettano la "convenzione".

Da notare che la convenzione può essere applicata anche a livello di paesino o città, meglio se è una regione, ancor meglio se è uno stato.

La sua applicazione può partire subito da te   LETTORE CORAGGIOSO, distribuisci nel tuo condominio o quartiere l'opuscolo che stai leggendo, "la convenzione" ed organizza la distribuzione e la raccolta delle quote, in questo caso "quote di condominio" o "quote di quartiere"

La "convenzione" è una iniziativa che può partire dal basso di assoluta democrazia e socialità.

Capitolo ottavo

DIFFICOLTA'

Immaginatevi come se foste su una nave spaziale di mille persone, come si gestirebbe la vita degli occupati?
La "convenzione" organizza la vita del piccolo pianeta da un nuovo punto di vista, come farebbe un capitano di buon senso, che ha la possibilità di partire da zero e quindi di eliminare le ingiustizie, createsi nel tempo, sulla nave spaziale TERRA.

RESISTENZA DEI SISTEMI SOCIO-POLITICI COSTITUITI

é evidente che le resistenze, dei governi, dei politici con le loro lobby costituite di affari e potere nel mondo, sarà notevole. Difenderanno i loro privilegi conquistati, con decenni di dittatura o di democrazia deviata attraverso una burocrazia oppressiva ed una altrettanto schiacciante azione fiscale, il tutto per controllare, direi schiavizzare le popolazioni anche quelle che si dicono libere e democratiche.

Per lo stesso motivo, sarà enormemente difficile far passare una legge giusta, alle aziende multinazionali di ogni colore politico economico, poiché attualmente governano realmente il mondo, attraverso anche l'industria delle armi e dei loro eserciti.

Diranno che sulla Terra siamo in troppi ed è inutile applicare norme che facilitano la natalità.

Sulla Terra siamo 8 miliardi di persone e se dovessimo mettere gli otto miliardi di persone in un UNICO luogo, dando 5 metri quadrati ad ogni abitanti, occuperebbero 80 miliardi di metri quadrati che corrispondono a 40 milioni di Km quadrati, cioè l'Africa più la Ue.

Tutte le terre emerse sono 150 milioni è ipotizzabile che si possa vivere anche con 20 miliardi esseri umani poiché le città si sviluppano in verticale moltiplicando almeno per dieci lo spazio disponibile.

Diranno che non c'è cibo per tutti ma già oggi si può affermare che una corretta alimentazione, eliminando le obesità di miliardi di persone, basterebbe a soddisfare una popolazione di 20 miliardi.

Direbbero che non si può dare soldi a nullafacenti, ma se c'è una categoria che non fa nulla se non la raccolta di denaro, questa è quella dei ricchi o ricchissimi della finanza fine a se stessa.

Diranno molteplici scuse ma noi:NON DOBBIAMO ASPETTARE CHE LO FACCIANO "LORO".

La "convenzione" è attuabile dal basso in piena autonomia. Basta che un sindaco di un piccolo paesino inizi ad applicare la "convenzione" in tutta autonomia e la macchina si mette in moto in automatico e saputolo anche altri si affiancheranno.

Il motivo? CONVIENE, è GIUSTO, conviene a tutti.

Anche ogni paesino ha un bilancio e quindi un fatturato.

Noi consideriamo, perlomeno all'inizio del processo convenzionale, il fatturato come il valore del paesino,città, nazione.

Prendiamo il paese più piccolo d'Italia, MORTERONE, in provincia di Lecco, con 31 abitanti.

Il valore corrisponde a 50.000 euro.

Per determinare la prima quota cittadina, basta dividere la età valore per 60.000.000 di abitanti, cioè quanti sono gli abitanti dell'Italia.

Otterrete chiaramente una cifra simbolica di 0,000083 euro

31 persone non possono salvare il mondo.

ma la stessa cifra sarebbe a disposizione per ogni abitante d'Italia e una ancor più piccola per ogni abitante del mondo. Nel contempo i 31 abitanti di Morterone, partecipando alla convenzione, potrebbero aspettare che anche altri enti, città, partecipino ed aumentino di conseguenza il loro valore di quota.

Ho preso questo esempio solo per dire che chiunque può iniziare la catena che porterà ad una base di benessere generalizzato.

Se poi la città più ricca d'Italia partecipasse alla convenzione, MILANO, la cui quota corrisponde a 3100 euro per ogni abitante di Milano ma anche di Morterone e di tutto il mondo.

Notate che questa è solo il valore patrimoniale della quota a disposizione. Da questa quota ogni abitante può prelevare un centesimo e cioè 31 euro anno. Cifre piccole, ma verrebbero progressivamente aumentate con l'aumento della partecipazione delle altre città che alla fine, in Italia, corrisponderebbe ad una quota di 16.700 con possibilità di prelevare 1670 euro anno ed una quota ,molto più piccola, per ogni abitante della terra.

Al completamento della applicazione della convenzione la quota mondiale sarebbe di 6250 euro con un possibile prelievo di 625.

Riassumendo in Italia le due quote permetterebbero di avere 2200 euro circa. Consideriamo poi che le quote sono inversamente proporzionali al reddito dichiarato, per chi guadagna molto bene la quota varrà 1 euro.

Queste ripartizioni spettano ad ogni governo o parlamento nazionale.

Capitolo nono

SOSTENIBILITA' ECONOMICA

Il costo che graverebbe, per esempio, sul bilancio dell'Italia sarebbe facilmente sopportabile.

Penderebbe sul 2% del bilancio, massimo il 2,5%.

Somme facilmente recuperabili dalla diminuzione dei costi per spese militari.

Razionalizzazione della burocrazia con un fisco e previdenza più semplice.

Questi costi è obbligatorio diminuirli per poter partecipare alla "Convenzione"

Consideriamo poi che la maggior capacità di spesa di 8 miliardi di persone creerebbe uno sviluppo economico che porterebbe ad un aumento del Pil Mondiale e delle quote QN , QM e di quelle QPN.

Aumentando le quote aumenterebbe anche il reddito ritirabile delle persone ed inizierebbe un circolo virtuoso.

La facilitazione della vita delle famiglie, dovuta dalla applicazione della "Convenzione", stabilizzerebbe le nascite con leggeri incrementi e quindi stabilizzerebbe l'economia strutturale.

FISCO PARTECIPATIVO

Il rapporto con la stato e i suo componenti sarebbe facilitato dalla formula: 50% del reddito prelevabile in cambio di istruzione, sanità e pensioni gratis o già determinati.

Per esempio le pensioni verranno calcolate con l'ultimo stipendio ricevuto o la media dei redditi incassati.

Eliminazione dell'iva con i suoi obblighi e ricatti e conseguente enorme diminuzione della burocrazia per le aziende. Anch'esse dovranno scegliere la formula del 50% del reddito incassato da versare allo stato.

STABILIZZAZIONE MONETARIA

Più nazioni per costruire in libertà nela loro diversità e modo di vivere con più monete per una migliore gestione delle diversità economiche e sociali, dei diversi popoli, abitanti in diverse situazioni geografiche e sociali.

Ogni nazione, avendo una sua moneta, può meglio governare gli alti e bassi delle varie economie, soggette agi eventi della vita, della concorrenza, della speculazione che verrà contrastata proprio dall'applicazione della "convenzione".

Infatti la distribuzione dei redditi per via delle quote possedute, renderà quasi inutile tentare di affossare o sopravvalutare una moneta per fini speculativi, poiché se una nazione guadagna di più di un'altra potrà distribuire più reddito anche alla nazione oggetto di speculazione finanziaria o economica.

CERTIFICAZIONE DELLE QUOTA NAZIONALI E MONDIALI

Il valore delle quote dovranno, logicamente, essere certificate da enti autonomi privati o pubblici per rendere valido il titolo per le banche in cui verranno depositati i titoli di patrimonio.

La valutazione del valore ed il loro andamento esecutivo dovrà essere effettuato annualmente. Anche la consegna, ai nuovi nati, delle nuove quote certificate e il ritiro di quelle annullate (per morte proprietario) dovranno essere ricalcolate ad ogni anno per renderle operative nelle banche, in cui sono depositate le quote.

DIMINUIZIONE O ANNULLAMENTO DEI DEBITI PUBBLICI ESTERI E DI CONSEGUENZA DEL DEBITO PUBBLICO TOTALE

Come abbiamo già visto il valore delle quote si stabilisce calcolando tre parametri.

Il primo si ha calcolando la quota nazionale= QN

il secondo si ha calcolando la quota mondiale= QM

e il terzo si ha calcolando la quota del patrimonio nazionale = QPN

E cioè QN+QM-QPN= totale valore quote

Con il calcolo in meno del debito pubblico nelle quote, si combatte il suo diffondersi

Otteniamo cosi il contrasto ai debiti delle nazioni del mondo ed all'aumento della loro stabilità finanziaria e sociale, prodomo di uno sviluppo costante del Pil.

Prendiamo come al solito tre esempi:Italia, Stati uniti, Russia

Teniamo presente il calcolo del valore totale delle quote possedute e cioè il **VQP**

Il reddito annuo è cosi calcolato:

VQP/100

VPQ= QN+QM+QPN

QUOTA NAZIONALE = QN

50% del Pil della nazione-(debito pubblico +/-debito privato) / numero abitanti

QUOTA MONDIALE = QM

50% del Pil del Mondo-debito mondiale / numero abitanti
QUOTA PATRIMONIALE NAZIONALE = QPN
50% del VALORE PATRIMONIALE della nazione/ abitanti e in attesa di bilanci patrimoniali certificati si calcola il risparmio di una nazione.

50% perchè il rimanente 50% viene devoluto alle alle altre nazioni.
Il reddito annuo è un centesimo del valore delle quote

ITALIA

Debito =2900 miliardi

Pil, valore nazione= 2000miliardi

Pil mondiale=110.000 miliardi

Quota nazionale QN pro capite =33.000 euro

Quota mondiale QM pro capite =2500 euro

Quota patrimonio nazionale QPN = 500 miliardi

Quota patrimonio nazionale QPN pro capite = 8500 euro

Totale valore quote possedute VQP=44000

Reddito pro capite annuo distribuito RPAD= 440 euro

Questo è il valore medio di una quota totale, ma si deve considerare la distribuzione inversa a seconda del reddito percepito in modo che dopo i 100.000 euro di reddito la quota totale vale 1 e invece la quota per il reddito nella fascia minore sia per esempio 2000 euro
Lo stato ha 2500 miliardi da distribuire in 100 anni in Italia e altrettanti nel mondo. Cioè 50 miliardi da distribuire e da recuperare attraverso una nuova tassazione che vedremo nei capitoli seguenti.

STATI UNITI

debito =26000 miliardi

Pil, valore nazione= 31000 miliardi

Pil mondiale=110.000 miliardi

Quota nazionale QN pro capite =2700 euro

Quota mondiale QM pro capite =2500 euro

Quota patrimonio nazionale QPN = 10000 miliardi

Quota patrimonio nazionale QPN pro capite = 27700 euro

Totale valore quote possedute VQP=33000

Reddito pro capite annuo distribuito RPAD= 330 euro

vale sempre il discorso dell'inversamente proporzionale delle quote secondo il reddito

RUSSIA

debito =370 miliardi

Pil, valore nazione= 1800 miliardi

Pil mondiale=110.000 miliardi

Quota nazionale QN pro capite =8800 euro

Quota mondiale QM pro capite =2500 euro

Quota patrimonio nazionale QPN = 15000 miliardi

Quota patrimonio nazionale QPN pro capite = 82000 euro

Totale valore quote possedute VQP=93000

Reddito pro capite annuo distribuito RPAD= 930 euro

Queste sono cifre medie, giusto per dare una indicazione di massima, ma il vero valore delle quote viene determinato inversamente proporzionale al reddito di ogni persona.
Se il reddito è zero la quota varrà al massima, diciamo circa 5 volte la media, cioè se il reddito è oltre la soglia di povertà.
Il valore sarà uguale a 1 per i redditi alti, che entrano nelle fasce dei super benestanti, le quote possono essere negative, cioè possono risentire della sola quota del debito pubblico, sempre in negativo. Anche questa quota viene determinata inversamente proporzionale al reddito, ma con i parametri opposti altre altre quote.
Avremo, per esempio, in Italia, una quota dei senza reddito di 100.000 euro con reddito annuale di 1000 euro, mentre per super ricchi le quote saranno di negative di 10.000 euro con conseguente debito da saldare di 100 euro.

Questo modo di approcciare porterà al contenimento del debito pubblico.

Cifre che i benestanti potranno benissimo permettersi di pagare, ma che garantiranno una stabilità finanziaria e sociale prodoma di una stabile crescita economica.

FASCE DEI REDDITI ASSOGGETTATE ALLA DISTRIBUZIONE DELLE QUOTE.

0-1000   **1% del totale distribuito nei casi precedenti i 20 miliardi italiani**

1001-3000   lo 0,8 %

3001-5000   lo 0,7 %

5001-8000   lo 0,6 %

8001-12000   lo 0,5 %

12001-15000   lo 0,4 %

15001-20000   lo 0,3 %

20001-25000   lo 0,2 %

25001-30000   lo 0,14 %

30001-40000   lo 0,12

40001-50000   lo 0,i %

50001-60000   lo 0,08 %

60001-70000 lo 0,06 %

70001-85000 lo 0,04 %

85001-100000 lo 0,002% della quota media

100.001–500.000 IL VALORE DELLE QUOTE E' UGUALE AD 1 euro

Sopra il milione di guadagno oltre al 50% già prelevato, se in presenza di un debito pubblico, la percentuale diventerà negativa. Dovranno quindi partecipare al contenimento e diminuzione del debito.

Le regole applicative, cioè come viene applicata realmente la Convenzione, spettarà di diritto ai rispettivi Governi e parlamenti delle varie nazioni partecipanti.

Noi proporremo delle soluzioni secondo noi adeguate ad un miglioramento della vita dei cittadini di una nazione.

Come quella dell'obbligatorietà di iscriversi, dopo i 18 anni, alle liste delle agenzie di gestione del personale, ricevendo lo stipendio relativo a seconda delle manzioni di attesa lavoro o di effettivo lavoro svolto.

LA REGOLA DEL 50%

Fondamentale applicare la regola del 50% per tutte le attività economiche per contrastare le speculazioni e le truffe.

Cosa consiste la regola del 50%?

Tutti i proventi dei privati vengono tassati al 50% e basta, in cambio avranno la scuola, la sanità gratuite e le pensioni uguale all'ultimo reddito percepito.

Il cittadino potrà scegliere liberamente tra scuole private e scuole pubbliche, come tra istituti sanitari e privati.

Lo stato si farà garante dei costi.

Anche ogni azienda, grande o piccola che sia ,dovrà avere al 50% il "socio" Stato che prenderà il 50% degli utili aziendali.

Saranno del 50% anche le tasse sul capital gain o qualsiasi reddito finanziario.

Le aziende multinazionali, dovranno avere sede fiscale neli paesi in cui operano e versare il 50% dei loro guadagni.

In Europa verrebbe eliminata l'Iva, in Italia irap e balzelli vari.

Per le aziende non ci sarebbe più la contabilità dovuta ai contributi, almeno in Italia.
Non possono esserci le fondazioni senza scopo di lucro, perchè in pratica non esistono, perchè lucrano.
Le associazioni di volontariato potranno esistere comodamente, ma non potranno essere aiutate economicamente dalla Stato.

Tutte le sovvenzioni alle aziende, giornali,tv,radio, teatri ecc a fondo perduto verranno eliminate per non creare concorrenza sleale o livelli di potere non dovuto

CONTRASTO ALLA DISOCCUPAZIONE

l'applicazione della "convenzione" permetterebbe un aumento dell'occupazione con l'aiuto che le persone possono portare con le loro quote.

Si potrà creare nuove ditte, piccole società o cooperative costituite da soci che apportano le loro quote come patrimonio aziendale.

Nuove aziende, logicamente, creeranno nuove assunzioni.

Per la gestione del personale, sia già operativo sia quello in attesa di lavoro, si facilitano la creazione di aziende di gestione del personale

AZIENDE "RISERVA DELLA MANO D'OPERA"

Per contrastare la disoccupazione, e nel contempo preservare una stabilità socio-economica del paese e dei singoli, si incentiva la creazione di aziende di " RISERVA DELLA MANO D'OPERA"

In che cosa consistono queste aziende, società o cooperative?

Queste aziende hanno il compito di assumere le persone che non hanno un lavoro, istruirle, pagarle regolarmente e tenerle come riserva per qualsiasi tipo di esigenza, che le aziende richiedono, con lo scopo ti inserirle definitivamente nel mondo del lavoro.

Potranno utilizzare le quote degli iscritti in attesa di lavoro.

Questo è un passo molto importante.

Alla costituzione di queste aziende-società e al loro perfetto funzionamento, dipende la stabilizzazione dell'intera società e la sua sinergia con le Università e la ricerca, con le scuole tecniche, professionali oppure filosofiche, cioè il futuro dell'intera società.

DETERRENZA CONTRO LE GUERRE

Un motivo molto importante causato dall'introduzione delle quote della"convenzione" è il contrasto alle guerre.

Prendiamo per esempio Israele ed un paese vicino mal visto, e viceversa, non avrebbe più senso farsi "guerra" se ogni anno ogni cittadino delle due nazioni o anche fazioni, ricevesse un reddito dovuto alla partecipazione di queste nazioni alla "convenzione".

Ricordo che il reddito parte da una cifra, ma ogni anno aumenterebbe con l'aumentare dei Pil interni ed esterni (Mondo)

possiamo considerare questa "convenzione" come la bomba che elimina qualsiasi ordigno o macchinario bellico, rendendo quasi inutile l'esistenza di eserciti se non per l'attuazionedi scopi pacifici.

Capitolo decimo

CHE COSA E' LA "CONVENZIONE"

è il diritto di ogni persona ad avere un reddito dovuto al lavoro suo e della comunità, nazione, in cui vive.

Non sostituisce il reddito di cittadinanza e il reddito minimo o simili aiuti economici, ma è un premio-diritto di benvenuto su questo pianeta, per creare una connessione concreta con ogni essere umano.

La "convenzione" è partecipare allo sviluppo umano di tutte le persone, stabilendo che le persone, con il proprio lavoro, sostengono altre persone in qualsiasi parte del mondo vivano, ricevendo a loro volta un vantaggio.

La "convenzione" è combattere ogni razzismo, prevaricazione, tra individui, nazioni, popoli

La "convenzione" è il tentativo di applicare in concreto ciò che è stato predicato in precedenza dai vari Gesù, Gandhi, Martin Luther King, e da altre religioni o filosofie, per creare un mondo di pace e giustizia per lo sviluppo e la salvaguardia del pianeta Terra.

La "convenzione" elimina i colonialismi
La "convenzione" elimina i conflitti e diminuisce le sovvenzioni per le armi e le dirige verso aiuti di salvaguardia del pianeta
La convenzione diminuisce le speculazioni in qualsiasi campo economico e controlla la concorrenza selvaggia.

La convenzione, con i consigli sui nuovi e conseguenti modi di applicare le leggi, decreta il passaggio dei poteri al popolo e decreta definitivamente che nessun organo, privato o statale non può essere superiore come potere politico ed economico all'insieme di un popolo, costituito a nazione.
La convenzione nasce dal basso ed accetta organizzazioni minime, come condomini o villaggi.
Chiaramente preferisce le organizzazioni pubbliche già esistenti come Provincie, Regioni, Nazioni, per una miglior integrazione e certificazione in ambito internazionale.
La convenzione è gestita dai vari governi o enti preposti da governi legalmente costituiti.

IMPOSTAZIONE DELLA CONVENZIONE E SUA APPLICAZIONE.

Come impostare concretamente la "convenzione" è il compito di questo libretto che cerca di spiegare l'utilità, la capacità e la praticità di utilizzarla.
In linea di massima la gestione e la sua applicazione, o la consulenza presso i privati, dovrà essere gestita dalle banche per la parte finanziaria, che, insieme alle assicurazioni e alle immobiliari, creeranno la struttura su cui ua persona potrà impostare la propria vita. Per la consulenza le strutture che ora gestiscono le pensioni e i contributi versati, come l'Inps in Italia, spetterà l'assistenza e la guida verso le operazioni tecniche che si possono eseguire con l'applicazione della "convenzione"

Per l'aspetto morale, e il vero e proprio benvenuto ai nuovi nati, le associazioni   religiose o addirittura il Vaticano, possono coprire questo aspetto nel miglior modo.

SOLUZIONE ALL'IMMIGRAZIONE o EMIGRAZIONE ECONOMICA

E' chairo che se questo sistema venisse applicato a tutte le nazioni Africane o in tutte quelle nazioni dove oggi si muore ancora di fame o malattie, l'immigrazione, dovuta a carenza di lavoro o di un minimo di sussistenza economica e sanitaria, verrebbe di molto diminuita o del tutto eliminata.

Si consoliderebbero le nazioni e le meravigliose diversità delle popolazioni nel mondo, nella libertà e nella pace.

Prendiamo per esempio un paese considerato uno dei più poveri al mondo, la repubblica democratica del Congo. Considerando solo la "quota mondiale" equivalente al 50% del Pil del Mondo diviso gli 8 miliardi di popolazione, si avrebbe una quota di 12.500 euro. essendo il Pil Mondiale di 100.000 miliardi di euro.
Da questi 12.500 euro ogni persona con questa quota, le quote sono diverse da persona a persona secondo la fascia di reddito,otterrebbe ogni anno il diritto di avere l'1% della quota in moneta contante, nella valuta del proprio paese, cioè otterrebbe in questo esempio 125 euro che per un occidentale è forse niente, ma per un africano gli salva la vita.

Si deve aggiungere il valore della quota nazionale equivalente a 550 euro e quindi 5 euro di soldi da ritirare.

Poca cosa direste voi, ma permetterebbe di aumentare il reddito pro capite della repubblica democratica del Congo del 50%.

Un primo passo ma importante verso l'autonomia economica dei suoi abitanti.

61

Consideriamo che comunque avrebbero in in banca 130 euro di patrimonio che potrebbero usare per creare un capitale sociale di una cooperativa unendo altri lavoratori.

Tuttto questo porterebbe ad un radicamento degli abitanti nella propria nazione, limitando od annullando l'emigrazione.

La creazione di nuove, anche se piccole, attività economiche aumenterebbe il Pil nazionale aumentando di conseguenza il valore della quota nazionale ricalcolata ogni anno e certificata dai Fondi Mondiale, vedere il capitolo della sostenibilità economica e delle garanzie.

SOSTEGNO PER L'ECONOMIA DI OGNI NAZIONE.

Le popolazioni del mondo avendo, per diritto, un reddito costante ogni anno, seppur piccolo, potrà spendere un po' di più.

Ciò creerà più posti di lavoro solidi.

Aumenterà il Pil mondiale che farà aumentare il reddito pro capite e il reddito dovuto al maggior valore della quota mondiale, che poi incrementerà il pil e cosi per sempre.

Con il sostegno automatico del reddito delle quote alle famiglie, porterò ad un aumento delle nascite nei paesi già sviluppati e una diminuzione nei paesi oggi ancora in via di sviluppo. Ci sarà una costante giusta crescita demografica.

Una crescita demografica porta ad un aumento del Pil.

Nascerà e si svilupperanno completamente le industrie che saranno al servizio di una difesa dell'ambiente ed una migliore e più redditizia produzione agricola, anche in verticale in capannoni attrezzati, a discapito dell'allevamento animali.

VALORIZZAZIONE DELLA FAMIGLIA

La "convenzione" è, per una famiglia, la sua valorizzazione patrimoniale e l'acquisizione di un reddito sicuro.

Una famiglia composta da madre e padre + due figli otterrebbe 4 quote, aumentando notevolmente la sua capacità di reddito, potendo ricevere per ogni quota 1 centesimo del valore totale della quota ogni anno, moltiplicato per i componenti della famiglia.

Esempio: se il valore della quota nazionale è di 16.000 euro, ogni famiglia riceverebbe un reddito aggiuntivo di 640 euro anno.

Fino al compimento dei diciotto anni dei figli i redditi vengono gestiti dai genitori.

Dopo verranno passati alla gestione diretta del figlio.Le quote sono per la famiglia un diritto dovuto, sono le colonne di una società equilibrata e stabile, ed è giusto difenderle.

DEMOCRAZIE, SISTEMI DI VOTO

Ogni nazione può scegliere come gestire ed organizzare la sua democrazia, o il suo sistema sociale.

Il nostro consiglio è che, in caso di votazioni, i genitori maschi abbiano la possibilità di votare anche per i figli maschi e la madre per le figlie, finchè non avranno compiuto i diciotto anni.

Anche questo è una pratica per premiare, difendere e potenziare la figura di un genitore, padre o madre che sia.

Di fronte alle scelte che possono fare i governi, seguendo mode o teorie nuove,

Il voto maggiorato al padre o alla madre, difenderebbe la famiglia in ogni caso.

SCUOLA ED ISTRUZIONE

Nel nuovo sistema mondiale è giusto che le scuole siano gratuite per tutti fino all'età di diciotto anni.

Ogni scuola pubblica sarebbe autonoma nella sua gestione sia nella parte didattica, economica ma anche per la assunzione e gestione del personale.

Si creerebbero dei poli autonomi di apprendimento e ricerca di una meritocrazia diffusa, in modo che tutti possano veramente ricercare la realizzazione di se stessi nello studio e nel lavoro poi. Il rafforzamento economico della famiglie eo dei singoli studenti-lavoratori con il reddito in più, dovuto alle quote, faciliterebbe il sano sviluppo della personalità dello studente.

Capitolo undicesimo

DIFFERENZE

Una maggior stabilità economica di base permetterà di programmare meglio la propria vita.

Verrà dato maggior peso allo sviluppo della personalità favorendo, per primo, i viaggi nellla nazione di appartenenza e in seguito nelle nazioni nel resto del mondo, inserendo i viaggi anche come materia scolastica.

PensioniLe pensioni verranno elargite direttamente dalla stato ricavandole attraverso la tassazione e non più dai contributi versati.

La pensione verrà calcolata come media di tutte le retribuzioni ricevute, mai inferiori alla all'ultima retribuzione ricevuta

Sanità e sua impostazione

Ogni persona ha il diritto di visite mediche e cure gratis a seconda del reddito percepito

Libertà individuale e sanità globale

La libertà individuale non può essere messa in discussione neanche per motivi sanitari generali o qualsiasi altro motivo e la partecipazione ad operazioni militari sarà sempre subordinata alla propria singola volontà di decisione, cioè nessuno potrà essere costretto a partecipare a guerre o cose simili

Nessuno può essere costretto a partecipare a operazioni sanitarie globali come le vaccinazioni

Industrie, dipendenti e robot

La tendenza delle industrie all'utilizzo dei robot è accettata e favorita solo se agganciata al servizio umano o all'utilizzo lavorativo di un essere umano

Compito delle istituzioni o enti proposti, sindacati o associazioni a difesa dei lavoratori, trovare il giusto utilizzo.
Regole fondamentali:
- un dipendente Ceo non può guadagnare dieci volte l'ultimo dei dipendenti
- un privato non può guadagnare più del più piccolo stato del mondo
Si può diventare ricchi con questo sistema? SI

Ci possono essere poveri assoluti? NO

No perchè ogni persona nel momento in cui sceglie di lavorare viene assunta dalle agenzie di gestione professionale e di mano d'opera con regolare contratto, se non ha già trovato lavoro con i normali sistemi di ricerca personale.

Una gestione paritetica privato-stato delle industrie fondamentali di Energia-telefonia-radio e tv-acqua, sanità è fondamentale per prevenire speculazioni a favore di pochi in settori dove il ricatto può sconvolgere le normali relazioni economiche, pur salvaguardando la concorrenza.

TRASPORTI unificati ed automatici

I trasporti pubblici dovranno essere a disposizione di qualsiasi cittadino gratuitamente e dovranno essere razionalizzati e coprire tutte le distanze tra città e dentro la città.

Si auspica l'utilizzo di auto automatiche al posto di tram, bus nelle città, in modo da coprire qualsiasi distanza in comodità e sicurezza.

Ogni anno muoiono tra i 5000 e 6000 persone in incidenti stradali, solo in Italia, senza dimenticare i feriti anche gravi,come i paralizzati, che rovinano vite e famiglie, aggravando la spesa sanitaria dello Stato.

Altra considerazione sono i voli degli aeroplani che consumano una enormità di combustibile causando un altrettanto enorme inquinamento.

Da considerare la loro sostituzione parziale con gli ormai velocissimi treni, magari con trazione magnetica, come quelli giapponesi che vanno alla velocità di1300 km/h.

Paragoniamo un aereo, che parte da Lisbona e raggiunge New York in 10 ore più un due ore di check-in, di arrivo e partenza, ad un ipotetico treno che percorre i 20.000 kilometri di distanza in 15 ore ma con un consumi di energia notevolmente inferiore e con annullamento dell'inquinamento.

Un Aereo consuma da Milano e New York consuma 63.000 litri di carburante e viaggia ad una velocità di 900 km orari, mentre un treno super veloce viaggia a 1300 km orari e consuma molto ma molto meno inquinando quasi zero.

Evidente che per aiutare l'ambiente il treno o mezzi automatici, più piccoli ma simili al treno superveloce, aiuterebbero notevolmente l'ambiente, sfruttando lo spazio delle attuali via tranviarie.

Considerare poi che il treno svilupperebbe territori isolati come la Siberia, l'Alaska.

La tecnologia può aiutarci a rivedere le cattive abitudini attuali.

Si possono creare passaggi tra lo stretto di Gibilterra per collegare l'Europa e l'Africa, o tra la stretto di Bering per collegare l'Europa alle Americhe, relegando l'uso degli aerei per l'Australia e il Giappone o isole.

Sviluppo del turismo come bene primario della persona

Conseguenza dello sviluppo terrestre dei mezzi di trasporto , la creazione di nuove città o sviluppi agricoli-industriali.

Tutto questo aumenterebbe anche il turismo in tutto il mondo e anche nelle zone che oggi sono isolate.

Lo sviluppo del turismo sarà conseguenza anche dell' aumento del tempo libero, dovuto all'aumento della piena occupazione.

Piena occupazione che sarà dovuta alla creazioni delle agenzie di gestione mano d'opera e dei professionisti non ancora occupati.

Come abbiamo visto nel capitolo specifico.

DIVENTA SOSTENITORE DELLA *"CONVENZIONE"*

Parla con i tuoi parenti, i tuoi amici, i conoscenti e con le persone che incontri.

Dona loro il libretto che stai leggendo, porterà fortuna a tutti.

Applica la "convenzione" nel tuo condominio, quartiere, meglio se nel tuo paese o città.

Tieniti informato sul sito TVTAM.IT

Mandaci le tue impressioni e le tue idee a barza99@libero.it con Oggetto email..."la Convenzione"

Sarai informato di tutti gli eventi e novità

RIMANI AGGGIORNATO ANCHE SU

Tvtam.it

Capitolo dodicesimo

VANTAGGI

PER LA VITA DELLE PERSONE E LE ATTIVITA' ECONOMICHE

Per meglio comprendere gli effetti di questa proposta, la "convenzione", abbiamo suddiviso, in categorie di vita, le persone, a seconda della loro attività lavorativa o situazione personale.

Cerchiamo di capire l'importanza dell'applicazione della "convenzione" anche per chi già sta bene, che dovrebbe capire che ha l'obbligo morale di sostenere il progresso e lo sviluppo economico del Mondo.

PERSONA SINGOLA

Che vantaggi può avere una singola persona dall'applicazione della "convenzione" sulla propria vita?

Se ha già più di diciotto anni, ed un conto corrente bancario proprio, potrà ogni anno ricevere un reddito sul conto, potrà avere in deposito un titolo di proprietà esclusivo, con cui poter richiedere prestiti, con valore massimo del 50% delle quote possedute, oppure darlo in garanzia per acquisti rateali o mutui. Se non ha ancora un conto bancario può aprirne uno ed iniziare una nuova vita economica.

Un minimo di sicurezza in più ma anche la consapevolezza che la propria vita aiuta le persone molto più disagiate di noi, sparse nei vari paesi, per effetto della partecipazione alla formazione delle quote mondiali, il QM e del sui reddito distribuito.

FAMIGLIA

La famiglia è il soggetto che ha il magggior vantaggio dall'applicazione della "convenzione"

Infatti le quote di una famiglia possono essere raggruppabili o considerando l'intera famiglia o separandone in due gruppi, Madre e figlie da una parte e padre e figli maschi dall'altra.

Suddivisione che servirà anche in fase di votazioni politiche, dando maggior potere ai genitori con figli.

Una famiglia che vuole essere considerata un unicum avrebbe in banca un titolo patrimoniale di 4 o otto quote, se avesse due figli.

Questo permetterebbe di avere un reddito familiare extra più consistente ed una garanzia per poter possedere una propria casa o aprire una propria attività.

Quindi l'applicazione della "convenzione" dà il diritto di possedere un pezzo della Terra, che è un atto di ufficializzazione dell'importanza di ogni essere umano sul pianeta, e di conseguenza il diritto, non elemosina, come i vari bonus, di un reddito per tutta la vita e sottolineando l'importanza di ogni uomo a partecipare alla distribuzione di un reddito per ogni essere umano.

SCUOLA E STUDENTI

Per uno studente ancora in famiglia avrebbe gli stessi vantaggi di una famiglia nel suo complesso, mentre per uno studente maggiorenne avrebbe quelminimo di reddito che gli permetterebbe di frequentare una università con minor problemi economici

STUDENTE UNIVERSITARIO

Come abbiamo visto più facile la vita di uno studente universitario, coperto in parte da un reddito e garantito dal patrimonio delle quote, se dovesse chiedere prestiti per casa o studio.

Ricordiamo comunque che i prestiti devono essere restituiti secondo gli accordi bancari e non possono compromettere la vita delle persone e i bilanci bancari.

RICERCATORI

I lavoratori nell'Università, come i ricercatori, hanno la possibilità di partecipare e costruire in autonomia, ma sempre sotto la guida dell'istituto che li ospita, un proprio laboratorio

PROFESSORI DI SCUOLE INFERIORI

Anche i professori di scuole inferiori statali avranno una facilitazione economica e potranno insegnare la propria materia anche come privati, quindi potendo scegliere se rimanere nel pubblico o scegliere le scuole private. In tutte ed ue i casi possono partecipare a qualsiasi attività anche lucrosa   attuata da istituti pubblici o privati, mettendo a garanzia le proprie quote

PROFESSORI UNIVERSITARI

Le università saranno autonome completamente per la scelta, gestione e formazione dei suoi in insegnanti e quindi i professori   universitari verranno inquadrati come liberi professionisti

DIPENDENTI PUBBLICI GENERICI

Un maggior reddito porterebbe ad usufruire di maggior tempo libero diminuendo le ore di lavoro ed aumentando la possibilità di nuove assunzione

DIPENDENTI PRIVATI

Ugualmente per   i dipendenti privati si aprirebbe   una migliore stabilità economica, che aiuterebbe il lavoratore ad un maggior   utilizzo delle ore libere, studi o viaggi, diminuendo gli straordinari permettendo quindi un aumento dinuovi lavoratori

LAVORATORI AUTONOMI

Per i lavoratori autonomi si aprirebbe la possibilità di creare aziende più performanti unendosi ad altre persone per creare nuove società, ottenendo una maggior razionalizzazione aziendale, e quindi maggior profitto.

Anche per loro ci sarebbe più spazio perpiù tempo libero da dedicare a famiglia e viaggi o vacanze.

ARTISTI CREATIVI

Nel vasto mondo dell'arte che divideremo in artisti creativi pittori, scultori musicisti ed in artisti del linguaggio cantanti, attori, l'applicazione della "convenzione" li libererebbe da certi mercati speculativi, aumentando la loro autonomia economica e aumentando la loro libertà creativa.

ARTISTI DEL LINGUAGGIO

Sono gli attori in tutte le loro forme ed attività.
Anche per loro ci sarebbe più tranquillità economica e quindi più forze da dedicare alla loro arte.

RELIGIONE E RELIGIOSI

Nel nuovo sistema o governo, applicando la "convenzione" , si avranno nuovi compiti per i religiosi delle varie religioni.

Non basta distribuire un reddito per aiutare una persona, bisogna seguirla, specialmente se proveniente da situazioni difficili. Le persone devono avere, comunque, delle guide che le conducano nell'inserimento sociale nel modo più appropriato.

Quindi importante sarà il lavoro degli istituti religiosi e, nel caso italiano, del Vaticano.

La vasta diffusione nel mondo e la sua indiscussa moralità, sono la basa ideale per gestire questa distribuzione di reddito nel mondo indirizzandolo verso la costruzione di vite umane dignitose.

ASSOCIAZIONI NON A SCOPO DI LUCRO

Le associazioni non   a scopo di lucro possono essere equiparate all'azione che possono fare le associazioni religiose.

Nei vari campi in cui si sviluppano, generalmente al servizio dei più bisognosi, possono anche loro indirizzare e guidare le persone verso un cammino positivo e costruttivo per la società tutta.

ASSOCIAZIONI A SCOPO DI LUCRO

Per queste associazione i vantaggi sono quelli di una normale società economica e quindi se accettano la gestione statale paritaria, cioè la partecipazione dello stato al 50%, potranno usufruire di capitalizzazione con le quote ricevute e molta meno burocrazia, che garantirebbe loro un notevole risparmio di denaro da dedicarein special modo all'assunzione di nuovo personale.

ASSOCIAZIONI SPORTIVE

Come per tutte le associazioni o società ne gioverebbe la loro capitalizzazione e quindi la miglior visibilità bancaria e finanziaria.

POLITICI E ASSOCIAZIONI POLITICHE E PARTITI

Dal punti di vista politico queste organizzazioni, i partiti, e i loro partecipanti

iscritti   non cambierebbe   quasi nulla se nonla gestione semplificata della vita dei cittadini

FONDAZIONI

Hanno gli stessi vantaggi delle altre associazioni e possono, o devono, avere lo stato al 50% nella gestione econtrollo delle loro attività ed eventi.

BANCHE

Come abbiamo già accennato, grande sarà il compito da svolgere per le banche o quegli istituti e enti preposti a raccogliere e custodire le quote dei cittadini di una nazione.

Dovranno essere istituti con il socio "Stato" al 50% , questo perchè dobbiamo sempre considerare lo "Stato" come l'iniseme delle persone della nazione e quindi come l'insieme dei proprietari della nazione.

Una cosi forte connessione di vita ed affari tra le persone permetterà una solida crescita economica.

L'utile delle banca dovrà essere, non sugli interessi dei depositi o prestiti, ma sull'attività di coordinamento economico dei clienti, quindi abbonamenti o commissioni.

La gestione economica della vita dei propri clienti richiederà una profonda connessione anche con le Assicurazioni e le Immobiliari.

ASSICURAZIONI

Le assicurazioni, anche se in società al 50% con lo "Stato", dovranno garantire la vita serena delle persone, dalla sanità, agli incidenti e a tutto ciò che non è previsto dalla programmazione e che può capitare vivendo.

Banche e assicurazione a loro volta dovranno avere una stretta sinergia con le Immobiliari nella definizione della programmazione economica dei clienti e delle loro esoigenze di vita, tra cui primaria è la casa o l'azienda

IMMOBILIARI

Il concetto di vendere casa sarà rivisto tenendo conto che ogni persone o famiglia dovrà avere una casa dove abitarci in sicurezza.

GRANDI INDUSTRIE

L' effetto sulle grandi industrie sarà il notevole miglioramento delle attività in tutto il mondo.

La "convenzione" permetterebbe una migliore vita in tutto il pianeta, una diffusa cultura della pace, creando quindi le basi per un aumento del Pil mondiale

L'aumento del Pil permetterebbe l'aumento del valore delle quote che insieme ad un aumento delle natività, alimenterebbe il più grande sviluppo economico e sociale che il Pianeta Terra abbia mai avuto.

Qualsiasi grande industria se vuole operare in un paese "convenzionato" deve avere come socio, al 50%, lo Stato in cui opera, in cambio di una diminuita burocrazia, economica, finanziaria e operativ

MEDIA INDUSTRIA

Di conseguenza anche alle medie industrie gioverebbe l'applicazione della "convenzione" e del sistema partecipativo paritario con lo stato, in cambio di un enorme diminuzione dei vincoli burocratici, contabili ed operativi nel campo di competenza, licenze, controlli ecologici, controlli sulla sicurezza del personale impiegato, poiché verrebbe risolto alla fonte il costo per questi adempimenti.

Il tutto è controllato dalle Agenzie della Gestione del personale a cui è deputato l'applicazione di questi adempimenti.

ARTIGIANI

Anche l'artigiano avrà i vantagggi delle medie aziende, ma con in più la possibilità di potersi facilmente aggregarsi a nuove entità economiche o a nuovi soci, per l'effetto della maggior capitalizzazione portata dalle quote possedute dai vari soci.

COMMERCIANTI

Sullo stesso piano dei vantaggi degli artigiani

Capitolo tredicesimo

AGENZIE PER LA GESTIONE DEL PERSONALE

Fondamentale importanza avranno le agenzie per la Gestione del personale.

Interverranno appena uno studente finisce gli studi e richiede di lavorare.

Se non riesce a trovare immediatamente il lavoro, per cui ha studiato, può iscriversi a queste agenzie portando il suo curriculum studentesco e le sue capacità accertate, nonché i suoi desideri.

Il compito principale, delle agenzie del lavoro, è di dare subito uno stipendio minimo agli iscritti, in cambio del reddito derivato dalle quote possedute, come parziale risarcimento dell'attività di ricerca e continua formazione dell'iscritto.

Quale sarà il reddito di ogni iscritto in attesa di lavoro stabile?

Una parte sarà costituita dal suo reddito ricavato dal possesso delle sue quote, che è un reddito che già possiede, ma verrebbe gestito dalle Agenzie del lavoro.

Il resto, che sarà la parte predominante, verrà versato dalle agenzie in cambio di una giornaliere partecipazione dell'iscritto alle varie attività di lavoro saltuarie e di qualsiasi tipo, come assistenza ecologica, sanitaria e di sicurezza.

Notevole il tempo che dovrà dedicare alla sua formazione anche dopo aver trovato un lavoro fisso in modo da essere sempre operativo ai massimi livelli della sua professione.

Come potranno le Agenzie dare uno stipendio ad ogni persona in attesa di lavoro?

Come detto la prima entrata sarà il reddito ricevuto dallo studente per il possesso delle sue quote.

Altra entrata è la fatturazione alle ditte o agli enti pubblici per il lavoro svolto dai suoi iscritti per lavori urgenti di assistenza e manutenzione o sostituzione personale ammalato o in vacanza.

Una terza entrata per gli abbonamenti ottenuti dalle aziende per la formazione continua del personale e l'assistenza al personale lavorativo.

Una quarta, valida per i bilanci e per la sicurezza, sarà ricavata dai contratti assicurativi stipulati per garantire continuità mnl lavoro di formazione e di salute ,

Una volta trovata l'azienda ideale o meno, per l'iscritto, cessa il rapporto diretto tra iscritto ed agenzie del lavoro,

Toccherà poi alla azienda gestire nei migliore dei modi la sua formazione e la remunerazione adeguata, magari mantenendo stretti contatti con le aziende del lavoro.

Capitolo quattordicesimo

Fase operativa

A questo punto è meglio vedere come si può in concreto attuare questa "convenzione"

Abbiamo visto che la sua applicazione può iniziare dal basso, anche con piccole realtà economiche o dall'alto, per esempio, con grandi città, regioni o meglio nazioni.

INIZIO "CONVENZIONE" VERSO L'INDIPENDENZA ECONOMICA

Diffondere questo libretto il più possibile in modo che si possa creare un movimento dal basso

Presentate il libretto al tuo politico preferito
Discuti con gli amici o economisti della sua applicabilità

VOTA e fai votare solo le forze politiche che inseriscono nel loro programma l'applicazione della "Convenzione"

Le Forze politiche, cioè i partiti, una volta costituito il governo dovranno:
applicare la Convenzione partendo dal quartiere, comune, provincia o nazione.

Calcolare il valore delle quote.
Distribuire una quota per abitante aprendo un conto bancario.

Le quote non possono essere vendute se non allo Stato o Ente che le ha distribuite
Le quote vengono ritirate automaticamente dallo stato alla morte della persona

Lo stato riporterà il valore della singola quota al nuovo valore calcolato alla fine di ogni anno

Lo stato consegnerà una quota ad i nuovi nati

Le quote dei minorenni vengono gestite dai legittimi genitori, le femmine dalle madri e i maschi dai padri, o da uno solo dei genitori in assenza di uno dei due.

Ad ogni quota posseduta o gestita corrisponde un voto nelle varie elezioni.
Quindi il genitore maschio avrà il suo voto e quello dei figli maschi e le donne quello delle loro figlie

Ogni anno si può incassare il valore di tutte le quote possedute o gestite, quelle dei figli, diviso 100, cioè si può incassare un centesimo delle quote possedute

**DIFFONDERE QUESTO
LIBRETTO A PIU' PERSONE POSSIBILI
NEL RESTO DEL PROPRIO PAESE
O DEL MONDO**

Tenersi informati sul sito TVTAM.IT

INIZIATIVA RIMARRA' ATTIVA FINO AL COMPIMENTO DEL SUO OBBIETTIVO NAZIONALE E MONDIALE.

Sommario

DIVENTA SOSTENITORE DELLA "*CONVENZIONE*"

Parla con i tuoi parenti, i tuoi amici, i conoscenti e con le persone che incontri.

Dona loro il libretto che stai leggendo, porterà fortuna a tutti.

Applica la "convenzione" nel tuo condominio, quartiere, meglio se nel tuo paese o città.

Tieniti informato sul sito TVTAM.IT

Mandaci le tue impressioni e le tue idee a barza99@libero.it con Oggetto email..."la Convenzione"

Sarai informato di tutti gli eventi e novità

RIMANI AGGGIORNATO ANCHE SU

Tvtam.it

DIVENTA SOSTENITORE

contatti :

barza99@libero.it

tvtam.it